JEAN ARTIBAL

L'ASSURANCE OUVRIÈRE

EN FRANCE

ET

A L'ÉTRANGER

Prix : 50 centimes

CHEZ L'AUTEUR
29, RUE D'ARGENTEUIL, 1
PARIS

1902

L'ASSURANCE OUVRIÈRE

EN FRANCE ET A L'ÉTRANGER

ANGERS, IMPRIMERIE A. BURDIN ET Cⁱᵉ, RUE GARNIER, 4.

JEAN ARTIBAL

L'ASSURANCE OUVRIÈRE

EN FRANCE

ET

A L'ÉTRANGER

Prix : 50 centimes

CHEZ L'AUTEUR
29, RUE D'ARGENTEUIL, 1ᵉʳ
PARIS

1902

L'ASSURANCE OUVRIÈRE
EN FRANCE ET A L'ÉTRANGER

L'ASSURANCE OUVRIÈRE EN FRANCE

Parmi les institutions sociales que le Progrès a fait naître, depuis un quart de siècle, un peu partout dans le monde, il n'en est pas de plus humaines ni de plus nobles que celles qui ont pour but de rendre la santé aux malades qui n'ont pas les moyens de payer un médecin et de sauvegarder contre la misère les déshérités de la fortune et les vaincus de la vie qui ne peuvent plus gagner leur pain.

De plus en plus, l'idée se développe dans les esprits qu'il est de toute justice et de toute nécessité qu'une loi de solidarité sociale assure, dans tous les pays, le remède et la guérison aux travailleurs tombés malades, les besoins matériels de l'existence aux vieillards et aux invalides et l'éducation et une profession aux orphelins que la mort de leurs parents a laissés dans le dénûment.

Dans un grand nombre de pays, cette question a reçu, dès à présent, une solution pratique plus ou moins complète.

En France nous n'en sommes encore qu'aux tâtonnements. Nos gouvernants ne sont pas pressés. Ils ne sont jamais pressés, lorsque les intérêts vitaux du pays sont en jeu.

Ah ! s'il s'agit d'innocenter un traître entre les doigts duquel coule un pactole, ou d'envoyer en exil et d'enfermer dans une cellule des adversaires gênants, c'est une autre affaire ! Alors ils mettent les bouchées doubles et rien ne leur coûte.

Depuis 1889, plus de 60 propositions de Caisses de Retraites ont été déposées sur les bureaux de la Chambre. Mais jusqu'ici une seule, celle de l'été dernier, a eu les honneurs d'un semblant de discussion. Or, à mon avis, elle est impraticable et son moindre défaut est de mettre la charrue devant les bœufs. La Chambre défunte, malgré sa veulerie bien connue, l'a si bien compris que, dans les seize séances qu'elle y a consacrées, elle a donné au pays l'impression très nette que la loi proposée ne valait absolument rien.

UNE MAUVAISE LOI

M. Guieysse, rapporteur de la commission parlementaire du projet dont nous faisons ici la critique, n'a pas hésité à déclarer que la loi qu'il invitait la Chambre à voter était sans doute loin de la perfection, mais que — *horesco referens* — il valait mieux une mauvaise loi que pas de loi du tout ; comme si un poirier sauvage pouvait produire, *tout de go*, de savoureuses poires duchesses.

Cela n'a pas empêché nos parlementeurs de voter le 2 juillet dernier, l'article premier du projet, ainsi conçu :

« *Tout ouvrier ou employé, tout sociétaire ou auxiliaire employé par une association ouvrière a droit, s'il est de nationalité française et dans des conditions déterminées par la présente loi, à une retraite de vieillesse à 65 ans, et, le cas échéant, à une retraite d'invalidité payable mensuellement sur certificat de vie, sans frais, délivré par le maire de la résidence.*

Ces retraites sont assurées par la Caisse nationale des Retraites ouvrières, la Caisse nationale des Retraites pour la vieillesse,

*les Sociétés de Secours mutuels et les Caisses patronales ou
syndicales, dans les |conditions d·s articles 1 à 5 de la pré-
sente loi.*

Pour atteindre ce but le projet prévoit la création d'une
Caisse nationale de Retraites ouvrières, à côté de laquelle
continueront à fonctionner, sous certaines obligations, les
institutions de prévoyance existantes. Cette caisse nationale
serait alimentée : 1° par les versements des ouvriers, sous
forme de retenues sur les salaires ; 2° par les versements
des patrons, égaux aux versements ouvriers.

Tous ces versements seraient centralisés et capitalisés par
l'État qui en opérerait le placement à un taux minimum de
3 0/0. On a calculé que dans 28 ans, époque à laquelle la loi
recevrait sa première application intégrale, les versements
capitalisés atteindraient la somme colossale de 12-14 milliards. Or, s'imagine-t-on l'armée de fonctionnaires qu'il
faudrait pour administrer un tel capital et les périls de
toutes sortes auxquels de telles sommes peuvent être expo-
sées? Et je me demande à quelles idées de derrière la tête
— sous l'inspiration de quels financiers véreux dans l'espoir
de quelles opérations louches — ont bien pu obéir les mil-
lerandistes pour oser soumettre un aussi ridicule projet à
la discussion parlementaire?

L'ASSURANCE OUVRIÈRE NÉCESSAIRE

J'estime qu'il ne peut y avoir aucune divergence d'opinion
sur l'esprit même de la loi. Il est, en effet, de toute impossibilité pour la majorité des travailleurs de parvenir à s'assurer par leurs propres moyens une retraite pour l'époque
où viendront les infirmités et la vieillesse.

Donc la loi est utile.

Je dirai plus : elle est *nécessaire*. Mais telle qu'on nous la présente, elle est *mauvaise* dans son principe et *insuffi- sante* dans son application.

Elle est mauvaise dans son principe, parce qu'elle prendra aux ouvriers, pendant vingt-huit années, sans rien donner en échange, leurs cotisations, c'est-à-dire une partie de leurs salaires ; parce que le maniement de sommes aussi formidables est très difficile et qu'il permet tous les trafics et parce que nous savons, par le douloureux et honteux précédent du Panama, qu'il est pour le moins dangereux de tenter ainsi la faiblesse des parlementaires, d'encourager le chantage des folliculaires et d'exciter la convoitise des financiers cosmopolites.

Donc pas de capitalisation. Les ouvriers n'en veulent pas et la France non plus.

La loi est mauvaise ensuite dans son application, parce que ses effets ne s'étendent pas à tous les travailleurs et ne visent que les salariés seulement.

Pourquoi cela? N'y a t-il pas d'autres travailleurs aussi intéressants que les salariés; tels que les artisans indépendants, les petits patrons, les ouvriers en chambre, les ouvriers agricoles, les journaliers, les petits fermiers, les métayers, les petits commerçants et les petits propriétaires? Mais si l'on veut admettre toutes ces catégories de travailleurs, il faut changer de système et adopter celui de la répartition annuelle des versements entre tous les ayants-droit, avec prélèvement, sur ces versements qui seraient proportionnels aux besoins, d'une somme à déterminer pour la constitution d'un fonds de réserve. Avec ce système l'État pourrait, par exemple, avancer à l'Assurance Ouvrière contre la vieillesse et l'invalidité les dépenses de la première année remboursables, en un certain nombre d'annuités et progressivement, sur le fonds de réserve; car au bout de la première année l'assurance se suffirait à elle-même.

Le projet Guieysse commet un péché contre la logique en faisant une distinction entre telle et telle catégorie d'ou-

vriers. Assurément les salariés sont une des plus intéres-
santes portions de la classe ouvrière. Mais ici même le
projet est incomplètement formulé. En effet les salariés
seront-ils toujours des salariés, ou l'ont-ils toujours été?
Combien de patrons qui ont commencé par être ouvriers?
Et le contraire ne le voit-on pas malheureusement tous les
jours?

Ensuite le bénéfice de la loi est refusé aux employés gagnant plus de 4.000 francs. Ici le mot *employés* est-il syno-
nyme de *fonctionnaires*? Alors, soit. Mais, si ce sont les employés en général qui sont visés, ceux-ci ne sont-ils pas
exposés, lorsqu'ils n'ont que des contrats ou des engage-
ments libres, à perdre leur situation pour cent raisons
différentes et à en accepter de moins lucratives?

COTISATIONS

En ce qui concerne les versements que demande aux
ouvriers le projet Millerand-Guieysse, il est dit à l'article 2 :

*Tout travailleur visé à l'article 1ᵉʳ et âgé de moins de 65 ans
doit subir sur son salaire, avant paiement, une retenue comme
suit :*

*Cinq centimes par journée de travail s'il n'a pas 18 ans ou
si son salaire est inférieur à 2 francs par jour;*

*Dix centimes par journée de travail, si, ayant au moins
18 ans, il gagne un salaire égal ou supérieur à 2 francs et inférieur à 5 francs par jour;*

*Quinze centimes par journée de travail, s'il gagne un sa-
laire égal ou supérieur à 5 francs par jour.*

LES MUTUALITÉS EN DANGER

Toutefois, ainsi que nous l'avons vu, l'article 1" autorise les versements aux caisses patronales ou syndicales, sous la réserve de l'agrément de l'État et à la condition qu'elles garantissent à leurs membres les mêmes avantages que la Caisse Nationale, soit un intérêt de 3 0/0 sur les versements.

En cas d'impossibilité d'assurer ce minimum — ici un véritable piège est tendu aux mutualités — elles retomberont à la Caisse Nationale. Or, pourront-elles toujours assurer ce minimum? Surtout si elles sont obligées de placer leurs disponibilités en valeurs de tout repos dont le revenu tend de plus en plus à descendre au-dessous de 3 0/0.

L'autorisation donnée à ces sociétés est, par conséquent, illusoire et fatalement la Caisse Nationale prévue par le projet les engloberait les unes après les autres si cette néfaste loi était votée; ce qui, heureusement pour le pays, devient fort improbable.

L'ASSURANCE POUR TOUS LES TRAVAILLEURS

Il y a des gens qui prétendent que rendre l'assurance obligatoire pour tous les travailleurs, c'est commettre un attentat contre la liberté individuelle et tuer l'esprit d'initiative. C'est là une affirmation gratuite et un paradoxe. Aucune société n'est possible sans une série d'obligations gênantes sans doute pour la liberté individuelle, mais légitimes et nécessaires. Donc l'obligation, sans laquelle aucune loi d'assistance ne serait possible, est chose absolument justifiée et équitable. Ce qui est moins équitable et même tout le contraire de l'équité, c'est de constituer une Caisse de Retraites dont bénéficierait une seule catégorie de citoyens. Il serait désirable que l'on pût assurer le minimum de l'existence à tous les vieillards, avant l'âge de 65 ans que peu d'hommes atteignent dans la classe ouvrière surtout, ainsi qu'aux travailleurs que des infirmités prématurées mettent dans l'impossibilité de continuer à subvenir à leurs besoins et à ceux de leurs familles.

J'ai dit au début de cette étude que le projet de loi actuel laisse à l'écart plusieurs catégories de travailleurs. Bien plus il en exclut la plus intéressante partie des ouvriers salariés dont il prétend améliorer la situation précaire.

En effet, nous lisons sous les articles 13 et 19 : en premier lieu, que tout ouvrier infirme ayant l'âge de la retraite, s'il n'a pas au moins 2.000 journées de travail salarié, n'aura droit à aucune retraite et sera réduit au strict résultat de ses versements : en second lieu, que si la retraite liquidée n'atteint pas 200 francs, elle sera majorée jusqu'à concurrence de 200 francs au plus.

Il résulte ensuite de l'article 41 que tout ouvrier qui, au moment de la promulgation de la loi, aura 65 ans d'âge et 30 années de travail recevra une allocation viagère qui ne pourra être supérieure à 100 francs, s'il justifie de 30 années de travail salarié. Cet article établit nettement que le petit patron, l'ouvrier non salarié et le commerçant redevenu ouvrier et qui par conséquent ne pourra pas justifier de 30 années de travail salarié, n'auront droit à aucune assistance.

L'article 42 dit : « *Les travailleurs, ayant à la date de l'application de la loi moins de 65 ans, recevront successivement, suivant leur âge, à cette date, la retraite minima ci-après, fixée à 65 ans, pourvu qu'ils justifient :*

1° De 30 années de travail salarié;

1° De versements correspondant au total de 250 journées de travail au moins pour chaque année au-dessous de 65 ans.

Les retraites varieraient donc, pendant les 28 premières

années qui suivront la date de la promulgation de la loi, entre 100 et 180 francs, et atteindront 200 francs, dans des très rares cas.

Chez nos voisins d'outre-Rhin les retraites minima d'invalidité oscillent entre 145 fr. 50 et 187 fr. 50 et les retraites maxima entre 231 fr. 75 et 562 fr. 50. Quant aux pensions de vieillesse, elles sont uniformes pour tous les assurés dans chaque classe : soit 135 fr. 50 pour la 1re classe ; 175 fr. pour la 2e ; 212 fr. 50 pour la 3e ; 250 pour la 4e et 287 fr. 50 pour la 5e classe.

Je déduis de ces chiffres dont je garantis l'exactitude que, si la malencontreuse loi du gouvernement de Waldeck-Rousseau-Millerand avait été votée, l'ouvrier français, dans un pays où la vie est loin d'être aussi bon marché qu'en Allemagne, verserait une cotisation double de celle de l'ouvrier allemand pour toucher une pension presque toujours inférieure.

PAS DE CAPITALISATION

On peut hardiment conclure que le système de la capitalisation des versements est une opération financière hypocrite et détestable. D'abord il impose pendant 28 années aux contribuables la seule charge des pensions. De plus, lorsque la loi aurait son plein effet elle n'accorderait que 300 fr. de pension au maximum. A côté de cela, elle présente de grands dangers économiques inhérents au maniement de sommes aussi énormes. Elle créerait forcément des embarras financiers, résultant du placement des capitaux de la Caisse des Retraites, aussi bien que des pertes éventuelles que les opérations d'achat et de vente de valeurs peuvent entraîner. De plus l'amortissement de la rente française ne pourrait manquer de produire de graves perturbations sur le marché de l'argent en France.

Enfin il faut éviter jusqu'à la possibilité d'un Panama qui cette fois dépouillerait non plus la petite bourgeoisie, mais ce qui serait bien plus criminel et plus monstrueux encore, la classe ouvrière elle-même. Aussi ne crois-je pas qu'il soit possible de prendre trop de précautions. Les Prévoyants de l'Avenir en sont la preuve.

En 1789, le Tiers-État reçut son droit de cité. Souhaitons que bientôt en France, le Quatrième-État reçoive le sien également : à savoir le droit du travailleur, dont la force physique et l'énergie intellectuelle sont les seuls capitaux, à l'existence, à un peu de bien-être pour lui et les siens et à sa fusion harmonieuse et bienfaisante avec les trois autres États dans une généreuse et loyale fraternité.

L'ASSURANCE OUVRIÈRE A L'ÉTRANGER [1]

Dans un grand nombre de pays la question de l'assurance ouvrière a, dès à présent, reçu une solution plus ou moins pratique.

En effet, l'Assurance ouvrière, soit obligatoire, soit volontaire, fonctionne en Angleterre, en Belgique, dans les Pays scandinaves, en Hongrie, en Italie, en Finlande, en Suisse, en Allemagne et dans la Nouvelle-Zélande.

EN ANGLETERRE

En Angleterre l'Assurance *volontaire* contre l'invalidité assure aux ouvriers et aux employés, occupés dans l'industrie ou dans une exploitation agricole se servant de machines, s'ils ne gagnent pas plus de 2.500 fr., une pension qui peut s'élever jusqu'à 2.500 fr. et dont la moyenne est de 437 fr. 50.

EN BELGIQUE

En Belgique, l'Assurance contre les accidents et l'invalidité est *obligatoire* pour les mineurs. De plus, une Caisse nationale de retraites y fonctionne depuis le 1er janvier 1900. Elle est *volontaire* et assure à chacun de ses adhérents, à 65 ans d'âge, une rente de 360 fr.

(1) Pour les détails, voir l'*Assurance Ouvrière à l'étranger*, par le même auteur, que vient de publier la Société des Éditions scientifiques, 4, rue Antoine-Dubois, Paris.

EN AUTRICHE

En Autriche, l'Assurance des mineurs est *obligatoire* depuis 1889; le minimun de la pension est de 212 fr. 50 pour les hommes et de 106 fr. 25 pour les femmes.

L'Assurance contre la maladie et les accidents y est *obligatoire* pour les ouvriers et les employés des exploitations industrielles et agricoles; mais la rente d'accident ne peut, en aucun cas, dépasser 60 0/0 du salaire annuel.

EN DANEMARK

En Danemark, à partir de la 60ᵉ année, les vieillards nécessiteux obtiennent des secours variables assez élevés, auxquels l'État et les communes participent par moitié.

EN SUÈDE

En Suède fonctionne depuis onze ans une commission des assurances ouvrières, et depuis 1886 le Riksdag suédois réserve chaque année un crédit de 1 million 600.000 couronnes (la couronne vaut un peu plus de un franc), dont le total accumulé s'élève à plus de 17 millions. Cette somme est destinée à couvrir les premiers frais, lorsque l'Assurance ouvrière sera votée dans ce pays.

La ville maritime de Gothembourg qui s'est acquise une si juste renommée pour ses habitations ouvrières, son Assistance publique, ses services publics en régie, etc., est aussi la première ville de Suède et du monde qui ait réglé avec méthode la question des pensions de retraite pour les ou-

vriers employés aux travaux publics de la Ville. Parmi ces ouvriers, 1.500 sont occupés à l'année.

En 1891 la municipalité décida qu'une pension de retraite serait accordée à tous les surveillants, chefs, inspecteurs et ouvriers employés aux travaux de la Ville. Pour y avoir droit il faut qu'ils soient âgés de 65 ans et qu'ils aient été occupés au service de la Ville, pendant 30 ans. Parfois et pour des causes spéciales, ils peuvent toucher la pension à l'âge de 60 ans accomplis, même s'ils n'ont été occupés aux travaux publics que pendant 25 ans.

Par un nouvel arrêté de 1898, les pensionnés sont divisés en cinq classes dans l'ordre suivant :

1re classe	1.080 couronnes
2e —	720 —
3e —	540 —
4e —	360 —
5e —	300 —

Ces sommes correspondent, pour les quatre premières classes, à 60 0/0 des salaires annuels.

EN NORVÈGE

En Norvège, l'Assurance contre les accidents est *obligatoire* pour tous les ouvriers et employés industriels dont le salaire ne dépasse pas 1.500 fr.

EN HONGRIE

En Hongrie l'Assurance est *obligatoire* pour les ouvriers des deux sexes, travaillant dans un établissement industriel, mine, haut-fourneau, carrière, chantier de construction, services des chemins de fer, de la navigation intérieure et des Postes-Télégraphes et Téléphones, et dans les entreprises de transport et de commerce, si leur salaire ne dépasse pas 8 couronnes par jour (2.500 fr. par an).

Toutes les caisses, constituées en vertu de cette obligation, assurent, à leurs membres :

1° Le traitement médical gratuit et les médicaments, etc., pendant 20 semaines ;

2° Des secours d'alimentation pendant au moins 20 semaines ;

3° Des secours d'accouchement ;

4° Des subsides d'enterrement.

EN ITALIE

En Italie, il existe une Assurance *volontaire* contre la maladie, une Assurance *obligatoire* contre les accidents et une Assurance *volontaire* contre l'invalidité. Cette dernière garantit une pension déterminée après 25 années d'assurance et 60 ans d'âge.

EN FINLANDE

En Finlande la loi autorise tous les ouvriers à s'assurer contre la maladie.

Les cotisations sont payables, moitié par les patrons et moitié par les ouvriers. Les différends sont réglés par l'arbitrage.

Tous les ouvriers occupés dans l'industrie et gagnant plus de 750 francs par an, sont dans l'obligation de participer à l'assurance contre les accidents.

Les Caisses-accidents sont créées, soit par les patrons, soit par l'État. Les ouvriers ne participent point à l'alimentation de ces Caisses.

EN SUISSE

En Suisse le Conseil Fédéral vota, le 5 octobre 1899, une loi, instituant dans tous les cantons l'Assurance ouvrière obligatoire, contre la maladie et les accidents, calquée, ou à peu près, avec quelques modifications heureuses en plus, sur celle en vigueur en Allemagne.

Cette loi ne donna point satisfaction à la population helvétique, et elle la rejeta par son référendum du 20 mai 1900, par 341.914 voix contre 148.035.

Le Conseil Fédéral a invité la Commission permanente des Assurances Ouvrières à élaborer un nouveau projet répondant mieux aux vœux du pays.

Il est question également en Suisse de la création d'une assurance obligatoire contre la vieillesse. Dès à présent les employés et les ouvriers des chemins de fer et des bateaux à vapeur peuvent s'affilier à des Caisses de retraite créées par les administrations de ces deux grandes entreprises de transport. Ces Caisses sont placées sous la surveillance et le contrôle de l'État.

EN NOUVELLE-ZÉLANDE

Dans la petite Nouvelle-Zélande l'État assure une pension de 450 francs aux vieillards indigents qui habitent le pays sans interruption depuis vingt-cinq ans et n'ont subi aucune condamnation infamante.

Tous les vieillards qui ont atteint l'âge de la pension, touchent cette pension entière, s'ils jouissent d'un revenu personnel de 850 fr. au plus. Pour chaque 25 fr. de revenus en plus, la loi diminue la pension d'autant.

L'ASSURANCE OUVRIÈRE OBLIGATOIRE EN ALLEMAGNE

L'Assurance Ouvrière *obligatoire* en Allemagne comprend l'Assurance *contre la maladie*, l'Assurance *contre les accidents*, et l'Assurance *contre l'invalidité* et *la vieillesse*.

Cette triple assurance est placée sous l'autorité de l'Office impérial des assurances, dont les membres sont nommés à vie par le chef de l'État et qui a son siège dans la capitale allemande. Elle repose *sur la mutualité.* Son administration est *autonome*, sous le contrôle de l'État. Elle embrasse, sans distinction de nationalité, toutes les personnes travaillant en Allemagne pour le compte d'un tiers, et garantit, en cas de maladie, d'accident, d'invalidité ou de vieillesse, à chaque assuré un droit légal à une série de secours ou de pensions fixés d'avance, sans frais de procédure.

L'assurance contre la maladie

L'Assurance obligatoire contre la maladie, en Allemagne, vise les personnes occupées dans l'industrie et le commerce, et recevant un salaire ou des appointements de 2.500 fr. au plus. Mais la loi autorise les patrons-ouvriers, ainsi que tous les autres travailleurs, domestiques compris, à y adhérer *volontairement.* Elle fonctionne au moyen de Caisses locales, au nombre de 22.672, et comprend 9.500.000 ouvriers, qui bénéficient annuellement d'une somme de près de 188 millions de francs.

L'objet de l'Assurance contre la maladie est de garantir à tous les assurés un secours sûr et efficace pendant au moins treize semaines, à partir du commencement de la maladie.

Les avantages minima auxquels tout assuré a un droit légal comprennent :

1° Les soins gratuits du médecin de la Caisse locale ou, en cas d'urgence, d'un médecin quelconque;

2° En cas d'incapacité de travail, un secours quotidien (50 0/0 du salaire quotidien) à partir du troisième jour de la maladie ou bien les soins gratuits dans un hôpital, avec allocation à la famille de 25 0/0 du salaire quotidien;

3° En cas de décès une indemnité funéraire équivalant à 20 fois le salaire quotidien ;

4° Un secours de maladie pendant une durée de quatre semaines aux femmes en couches;

5° Tous les assurés peuvent, en versant une cotisation double, contracter une assurance double;

6° Tout assuré qui tombe malade dans une localité autre que celle où il est domicilié reçoit les premiers soins par la Caisse de cette localité, mais la localité où le malade est domicilié est tenue d'indemniser celle-ci de ses débours;

7° Aucune maladie, quelle qu'elle soit, n'est exclue du bénéfice de l'assurance-maladie ;

8° Lorsque l'invalidité est reconnue à la fin de la 13e semaine seulement, le malade a droit à une nouvelle période de 13 semaines de secours et de soins, avant de bénéficier de la loi sur l'assurance-invalidité.

En 1898, 3.276.500 ouvriers allemands assurés contre la maladie ont reçu des soins et des pensions temporaires dont le coût s'est élevé à la somme de 171.608.400 fr., tandis que les frais de gestions n'ont atteint que 10.224.000 fr. Notons encore que, de 1885 à 1897, dernière statistique connue, l'assurance-maladie a dépensé 1.510.700.000 fr. en indemnités et secours de toute nature et 95 millions en frais d'administration.

DOMICILE DE SECOURS

Lorsqu'une personne, assurée dans une localité tombe malade dans une autre localité, la Caisse dont elle fait partie peut demander à la Caisse correspondante et à son défaut, à la Caisse communale de cette dernière, de s'occuper du malade ; mais ni l'une ni l'autre ne sont tenues de le garder jusqu'à complète guérison et peuvent le renvoyer dans son lieu de domicile, dès qu'il est transportable.

Lorsque la maladie se déclare à l'étranger, le patron fait les avances en soins et en secours ; mais la Caisse locale de l'endroit où il est légalement domicilié en Allemagne et, à son défaut, la Caisse régionale l'indemnise de ses débours.

Un assuré, de passage dans une localité, lorsqu'il tombe malade subitement, a toujours droit aux premiers soins dans la localité où la maladie se déclare ; mais la localité où le malade est domicilié est tenue d'indemniser la première de ses débours.

L'Assistance publique qui prête ses soins, en cas d'urgence, a également un droit de recours contre la Caisse locale.

Et vice-versâ.

Aucune maladie, même vénérienne, n'est exclue du bénéfice de l'Assurance-maladie.

Si la maladie a pour cause une bagarre, une querelle ou un acte de légèreté, l'Assurance communale peut refuser le secours en argent, mais non les secours médicaux.

DURÉE DES SOINS

Généralement, ainsi que nous l'avons indiqué plus haut, les soins et les secours sont accordés pendant un maximum de 13 semaines; mais des cas nombreux se présentent où cette période peut être portée jusqu'à 26 semaines, selon que l'invalidité du malade est reconnue plus ou moins tard. En effet lorsque l'invalidité est reconnue à la fin de la 13ᵉ semaine seulement, le malade a droit à une nouvelle période de 13 semaines de soins et de secours aux frais de la Caisse-maladie, avant de bénéficier de la loi sur l'Assurance-invalidité.

La période des 13 semaines commence avec le jour où l'état de l'assuré nécessite les premiers soins médicaux.

Si la maladie d'un domestique, apprenti, etc., dure plus de 90 jours, c'est la commune où le malade est légalement domicilié qui supporte, seule, les frais ultérieurs.

Les Caisses-maladie sont tenues d'accorder à leurs membres la totalité des secours et soins, même si ces derniers ont des ressources personnelles, et cela sans le moindre recours.

COTISATIONS

La loi limite les cotisations des membres des Caisses-maladie obligatoires à 1 0/0 et au plus à 1,33 0/0 du salaire moyen d'un manœuvre ordinaire pour l'assurance communale et à une proportion de 2 à 3 0/0 pour les autres Caisses. Elle oblige les patrons à verser eux-mêmes un supplément de cotisation égal à la moitié des cotisations des ouvriers.

Le montant des cotisations est donc fourni, pour les deux

tiers, par les ouvriers et, pour l'autre tiers, par les patrons ; soit une moyenne et par an de 6 fr. 45 par patron et de 12 fr. 50 par ouvrier.

AUTONOMIE DES CAISSES

Toutes les Caisses d'assurance contre la maladie s'administrent par les intéressés eux-mêmes — ouvriers et patrons — sous la surveillance des autorités locales et aux frais de leur propre budget. Une exception est faite pour les Caisses Communales et pour les Caisses de fabriques et de constructions. Dans le premier cas, ce sont les communes qui supportent les frais d'administration et dans le second, les patrons.

L'assurance contre les accidents

L'Assurance contre les accidents, chez nos voisins d'Outre-Rhin, oblige les ouvriers des exploitations industrielles, agricoles et autres, gagnant moins de 2.500 fr., ainsi que les fermiers et les métayers dont le revenu moyen est inférieur à cette somme, les petits patrons, les journaliers, etc., à s'assurer contre les accidents.

Dans certains cas, l'obligation de l'assurance peut être étendue aux employés gagnant plus de 2.500 fr. En outre, le droit de s'assurer contre les accidents peut être accordé aux chefs d'industrie, soit pour eux-mêmes, soit pour les personnes à leur service.

Une loi complémentaire assure les employés et les soldats contre les accidents dont ils peuvent être victimes. Elle institue en faveur de tous les employés de l'Empire, compris dans les catégories visées par la loi d'assurance contre les accidents, en cas de blessure ou d'accident, un secours sous forme de pension d'État.

Cette assurance repose, avec la garantie de l'État, sur la *mutualité entre patrons*. En 1899, elle comprenait 65 Caisses industrielles, 48 Caisses agricoles et 1.416 Caisses-accidents créées par les exploitations de l'État et des communes.

Ces Caisses possèdent la *personnalité civile* et ont une *complète indépendance* au point de vue *administratif*. Elles peuvent se décentraliser *en sections*.

Les ouvriers assurés contre les accidents ne supportent aucune charge de ce fait et ne versent aucune cotisation.

LE DROIT DES OUVRIERS

Tout ouvrier assuré contre les accidents a droit, en cas d'accident, survenu à l'occasion d'un travail salarié, au traitement gratuit. Ce droit est indépendant de celui qu'il a de réclamer une pension. Si le blessé n'est pas membre d'une Caisse-maladie, le chef de l'établissement où il est employé, est forcé de luiaccorder, sur sa propre bourse, une indemnité minima égale à celle accordée, dans un cas analogue, par l'assurance-maladie.

Si le blessé est assuré contre la maladie, le patron parfait le secours pécuniaire, de façon à l'amener aux deux tiers du salaire, à partir de la cinquième jusqu'à la treizième semaine. Pour les ouvriers du bâtiment, les ouvriers agricoles et les ouvriers forestiers, les frais de traitement, pendant les treize premières semaines, sont à la charge de la commune où l'accident a eu lieu.

Afin d'éviter l'obligation de verser la pension d'invalidité, les Caisses-accidents sont autorisées, chaque fois qu'il leur paraît douteux que les Caisses-maladie puissent s'en acquitter d'une manière satisfaisante, à prendre à leur charge le traitement de la victime, même pendant les treize premières semaines.

Les Caisses-accidents ne sont pas tenues d'accorder une indemnité pour les soins que le blessé reçoit à domicile. Toutefois, dans certains cas, elles peuvent allouer des secours pécuniaires.

La cure gratuite dans un hôpital peut remplacer les frais de traitement et la pension provisoire, à partir de la quatorzième semaine jusqu'à complète guérison.

L'admission à l'hôpital comprend les soins gratuits, les frais de voyage aller et retour, et les frais de vêtements et pendant la durée du traitement, la famille de la victime a droit à une indemnité, calculée d'après les tarifs des pensions dues aux survivants. La femme a droit à cette indemnité, même lorsque le mariage a eu lieu après l'accident.

Lorsqu'un blessé est admis à l'hôpital par décision arbitrale, les frais incombent à la Caisse-accident et, à l'État, lorsqu'une telle décision a été prise par l'Office impérial.

HÔPITAUX ET MAISONS DE CONVALESCENCE

L'Assurance-accidents, en Allemagne, possède un grand nombre d'établissements médico-mécaniques, des maisons de convalescence et des hôpitaux qu'elle a fait construire et installer à ses frais. Et, pour arriver à une guérison plus sûre et plus rapide, elle dispose de multiples *postes de premiers secours*, dans les villes, et de *stations de sœurs*, dans les campagnes. Disons, en passant, que la Croix-Rouge rend les plus grands et les plus désintéressés services à l'assurance ouvrière en Allemagne ; principalement dans les campagnes.

PENSIONS

Les pensions de l'Assurance-accidents ne sont pas calculées d'après le gain personnel de la victime, mais d'après le salaire moyen que fixent, par sexe et par âge, les autorités supérieures, après avoir pris l'avis des autorités locales.

Les ouvriers qui touchent leur salaire en nature peuvent, si la Caisse-accidents locale le stipule ainsi, recevoir les secours sous la même forme.

Les cotisations à verser par les patrons sont fixées, non d'après le nombre de leurs ouvriers, mais d'après leurs impôts directs et, en premier lieu, d'après l'impôt foncier.

Les petits propriétaires peuvent être exempts partiellement ou totalement de la cotisation.

MANIÈRE DONT FONCTIONNE L'ASSURANCE-ACCIDENTS

Deux ou trois exemples suffiront pour montrer, comment l'Assurance-accidents fonctionne :

Un maçon, marié, gagnant un salaire moyen de 1.579 fr. 88 par an, reçoit une contusion au thorax, en tombant d'un échafaudage. Pendant les trois premières semaines ou période d'attente, il est soigné aux frais de l'Assurance-maladie. A partir du 91e jour, il est traité à l'hôpital, pendant 90 autres jours, aux frais de la Caisse-accident et coûte 389 fr. 19. Sa famille, une femme et deux enfants, obtient un secours de 196 fr. 73. Si, au bout des 26 semaines de traitement, il reste totalement incapable de travailler,

il reçoit une pension annuelle de 1.053 fr. 25. Dans le cas
où il meurt des suites de son accident, la Caisse-accidents
verse 105 fr. 35 pour les frais de son enterrement et ses
survivants, la femme et les enfants âgés de moins de 15 ans
tous deux, reçoivent un secours de 790 fr. 50.

La veuve reçoit une pension jusqu'à sa mort ou jusqu'au
jour où elle se remarie, et les enfants jusqu'à l'âge de
15 ans.

Prenons maintenant un forgeron gagnant un salaire annuel de 1.327 fr. 50, qui, par suite d'un accident de travail
perd l'index gauche. En raison de la diminution de sa capacité de travail, il est indemnisé sur le pied de 10 0/0 et reçoit une pension annuelle de 88 fr. 80.

Un troisième exemple : un journalier agricole a reçu une
blessure au genou. Il est traité pendant 105 jours à l'hôpital, coûtant ainsi à la Caisse-accident rurale une dépense
de 196 fr. 55. Un premier secours de 96 fr. 36, proportion-
nel à son salaire annuel moyen (675 fr.), est accordé à sa
famille (femme et deux enfants). A sa sortie de l'hôpital, le
blessé a perdu 90 0/0 de sa capacité de travail et il reçoit
une pension annuelle de 405 francs. S'il meurt, la Caisse-
accident paie les frais d'enterrement, soit 45 fr. et verse à
sa famille un secours annuel de 337 fr. 50.

RÉSULTATS

En quinze années, c'est-à-dire depuis sa création, l'Assu-
rance-accident a versé aux ouvriers : de 1884 à 1897,
458.400.000 fr. ; en 1898, 89.600.000 fr. ; et en 1899,
98.875.000 fr.

Le frais d'administration se sont élevés, de 1885 à 1897
à 111.600.000 fr. Dès 1894, les réserves légales des différentes Caisses-accidents se montaient à 156.250.000 fr. et
en 1898, elles atteignaient près de 202 millions.

L'assurance contre l'invalidité et la vieillesse en Allemagne

En Allemagne, l'Assurance contre l'invalidité et la vieillesse complète l'Assurance contre la maladie et l'Assurance contre les accidents. Elle est *obligatoire* à partir de l'âge de seize ans et comprend les travailleurs de toutes les professions, ne gagnant pas plus de 2.500 fr., ainsi que les petits entrepreneurs qui n'occupent qu'un seul ouvrier salarié, les commis, les apprentis, les instituteurs, les professeurs libres, les journaliers, etc.

Elle est facultative pour les employés et ouvriers dont le gain annuel ne dépasse pas 3.750 fr. Elle diffère par son organisation régionale et locale des deux autres assurances dont l'organisation est essentiellement professionnelle. Quand elle aura atteint son plein effet, on comptera en Allemagne, pour cent assurés, un pensionné pour vieillesse et dix pensionnés pour invalidité; c'est-à-dire que, sur une population d'un peu plus de 50 millions d'habitants, il y aura, en chiffres ronds, 1.500.000 pensionnés, qui jouiront d'un ensemble de 412 millions de francs par an.

COMMENT SONT FOURNIES LES RESSOURCES

Les ressources pour la constitution des pensions d'invalidité et de vieillesse en Allemagne sont fournies par les patrons, par les ouvriers et par l'État.

L'Empire verse pour chaque pension une subvention uniforme de 62 fr. 50 et paie les cotisations des ouvriers pendant le temps qu'ils passent sous les drapeaux.

Les patrons et les ouvriers participent par moitié, sous

forme de cotisations régulières, aux dépenses autres que celles qui incombent à l'État.

Pour fixer le taux des cotisations, l'Office impérial des assurances a divisé les assurés en cinq classes, selon les salaires, et ces taux sont établis chaque fois pour dix ans.

La 1re classe, ou ouvriers ne gagnant pas plus de 437 fr. 50 par an, verse 0,175 par semaine ; la 2e, au salaire maximum de 687 fr. 50, verse 0,25 ; la 3e, au salaire maximum de 1.062 fr. 50, verse 0,30 ; la 4e, au salaire maximum de 1.437 fr. 50, verse 0,375, et la 5e, au salaire oscillant entre 1.437 fr. 50 et 2,500 fr., verse 0,45 par semaine.

Le prélèvement des cotisations des ouvriers a lieu par l'intermédiaire des patrons, qui achètent à cet effet des timbres spéciaux qu'ils collent, chaque semaine, sur les cartes-quittances des ouvriers. Ces cartes ont pour le moins cinquante-deux cases.

PENSIONS D'INVALIDITÉ

Le minimum de la pension d'invalidité, c'est-à-dire après deux cents semaines de travail, allocation de l'empire comprise, est de :

145 fr. 50 pour la 1re classe ; 160 fr. pour la 2e classe ; 168 fr. pour la 3e classe ; 178 fr. pour la 4e classe ; 187 fr. pour la 5e classe. Après le minimum d'attente, c'est-à-dire après 200 semaines, ces pensions subissent une majoration par semaine de travail de 0 fr. 0375 pour la 1re classe ; de 0 fr. 075 pour la 2e classe ; 0 fr. 10 pour la 3e classe ; 0 fr. 125 pour la 4e ; 0 fr. 15 pour la 5e classe.

Après 50 années ou 2.000 semaines de travail quand l'état d'équilibre sera atteint et que les rentes nouvelles et les rentes éteintes se compenseront, ces pensions seront de :

231 fr. 75 pour la 1re classe ; 337 fr. 50 pour la 2e classe ; 412 fr. 50 pour la 3e classe ; 487 fr. 50 pour la 4e classe ; 562 fr. 50 pour la 5e classe.

PENSIONS DE VIEILLESSE

La pension de vieillesse est servie à 70 ans à tout assuré ayant versé au moins 1.200 cotisations hebdomadaires. Notons que, pour les candidats à l'une et à l'autre pension, on compte, non seulement le service et les périodes militaires, les périodes de maladies antérieures à l'entrée dans l'assurance et les périodes des pensions provisoires antérieures; mais encore les interruptions temporaires des occupations à l'année ou à la saison, des occupations antérieures à l'application de la loi et les travaux domestiques non pénibles que des personnes infirmes exercent dans un but lucratif.

Toutes ces pensions sont *incessibles* et *insaisissables*. La pension de vieillesse, allocation de l'Empire comprise, s'élève à :

135 fr. 50 pour la 1re classe; 175 fr. pour la 2e classe; 212 fr. 50 pour la 3e classe; 250 fr. pour la 4e classe; 287 fr. 50 pour la 5e classe.

Le projet millerandiste prévoit des pensions minima de 100 à 180 fr. et accorde une pension maxima de 300 fr. seulement, au bout de 28 ans, alors que les pensions maxima, contre l'invalidité, chez nos voisins d'Outre-Rhin, atteindront de 231 fr. 75 à 502 fr. 50, lorsque la loi allemande aura atteint son plein effet.

Pour ce qui est de la pension de vieillesse, elle est uniforme pour chaque classe, dans tous les États de la Confédération germanique, et tous les vieillards de soixante-dix ans, soumis à l'obligation de l'assurance, touchent une rente annuelle de 135 fr. 50 à 287 fr. 50 ainsi que nous l'avons montré ci-dessus.

Nous avons établi que les ouvriers allemands ne gagnant pas plus de 2 fr. par jour, versent une cotisation hebdomadaire de 17 centimes et demi; alors que le projet de loi rapporté par M. Guieysse au Palais-Bourbon il y a dix mois demande à l'ouvrier français, dans les mêmes conditions de salaire, 4 sous par jour, c'est-à-dire presque le double et que là où l'ouvrier français, gagnant au-dessus de 1.000 fr. verserait soit 60 centimes, l'ouvrier allemand ne verse que 30 et 45 centimes.

Je déduis de ces chiffres, qui sont d'une exactitude rigoureuse, que si la loi du gouvernement était adoptée, l'ouvrier français, dans un pays où la vie est loin d'être aussi bon marché qu'en Allemagne, verserait une cotisation deux fois plus élevée pour toucher une pension presque toujours inférieure.

LA GARANTIE DE L'ÉTAT

L'Assurance contre la vieillesse et l'invalidité, en Allemagne, fonctionne sous la garantie de l'État au moyen de Caisses qui jouissent de la personnalité civile. Ces Caisses sont gérées par un comité de 5 patrons et de 5 ouvriers et d'un président qui est toujours un fonctionnaire officiel.

Il existait, dès 1899, dans les divers États de la Confédération, 31 Caisses régulières contre l'invalidité et la vieillesse, 9 caisses spéciales, un certain nombre de Caisses communales et des « bureaux locaux » dans toutes les localités. Ces derniers sont administrés par 4 ouvriers, 4 patrons et un membre de la municipalité en qualité de président.

Chaque Caisse contre l'invalidité et la vieillesse administre elle-même sa fortune et ses recettes.

Précédemment, ces Caisses étaient indépendantes les unes des autres. Il en était résulté une accumulation de capitaux dans les caisses des grands centres et une insuffisance de fonds dans les caisses de certaines contrées agricoles. Depuis l'application de la loi du 13 juillet 1899, la totalité des charges des caisses en questions est divisée en deux parts : les *charges communes* et les *charges particulières*. Aux charges communes correspond un fonds commun et aux charges particulières, un fonds particulier. Le fonds commun est la propriété collective de toutes les Caisses. Les quatre dixièmes des cotisations servent à constituer la fortune commune et les six autres dixièmes alimentent la fortune particulière.

De 1891 à 1899, l'assurance contre la vieillesse et l'invalidité, en Allemagne, a dépensé la somme de 502.885.000 fr. En 1898, par exemple, sur 12.600.000' ouvriers assurés, 673.500 ont été secourus, sous une forme ou une autre, et ont reçu la somme totale de 86.175.000 fr.

Les recettes totales, pour la même année, se sont élevées à 204.632.500 fr.

LES DROITS DES ASSURÉS

Les assurés contre l'invalidité n'ont aucun droit légal au traitement médical.

Les Caisses-invalidité ne sont pas forcées non plus d'accorder une pension provisoire, même si elles refusent à l'assuré le traitement médical. Mais si l'assuré n'a pas de ressources, elles sont obligées d'accorder la pension d'invalidité, lorsque l'incapacité dure plus de vingt-six semaines. Cette pension peut être accordée à titre provisoire ou à titre définitif, suivant les cas.

Le traitement médical ne peut, en aucun cas, remplacer le droit éventuel à la pension, car il ne constitue qu'une garantie et non un dédommagement pour l'assuré.

Pendant le traitement des secours sont accordés à la famille du malade, laquelle reçoit 25 0/0 du salaire quotidien si l'assuré est également affilié à l'Assurance-maladie et 12,50 0/0 s'il ne l'est pas. Ce secours ne représente que le minimum légal et les Caisses peuvent le majorer si leurs ressources le permettent.

Le traitement médical s'étend à toutes les maladies mettant en danger la santé générale. Il n'est pas obligatoire pour le malade, lequel peut toujours s'y refuser; surtout s'il s'agit d'admission à l'hôpital ou d'opération chirurgicale. En effet, les Caisses-invalidité n'ont pas, comme c'est le cas pour les Caisses-accidents, le droit de se passer du consentement du malade.

FORTUNE DE L'ASSURANCE OUVRIÈRE

Bien que le système de l'Assurance Ouvrière obligatoire soit tout le contraire de la capitalisation des versements et que les dépenses annuelles soient prélevées sur les versements annuels, les indemnités, secours et pensions de toute nature, accordées aux ouvriers allemands avaient atteint, dès la fin de l'année 1899, 3.017.200.000 fr. dont 380.600.000 fr. rien que pour l'année 1899.

Sur ces sommes, les ouvriers ont versé 1.455.500.000 fr. Ils ont donc reçu un excédent de 1.561.700.000 fr. sur le montant total de leurs versements.

Contrairement à ce que voulait le projet du gouvernement de M. Waldeck-Rousseau, le système allemand finira par produire un capital considérable, sans l'avoir constitué d'abord.

Et comment cela? — *En faisant des économies.*

En effet, dès la fin de l'année 1898, l'Assurance ouvrière obligatoire allemande disposait d'un capital économisé de 1.225.425.272 fr. 50.

Sur cette somme, 66.250.000 fr. ont été placés jusqu'au 31 décembre 1898 en habitations ouvrières, hôpitaux, maisons de convalescence, prêts agricoles, asiles de jour et de nuit, bureaux de placement, etc. En 1899, 43.750.000 fr. ont été dépensés dans le même but, dont 23.750.000 fr. pour l'amélioration du crédit agricole et 17.500.000 fr. pour l'amélioration des logements ouvriers et, à l'heure actuelle, la somme engagée en œuvres de protection sociale s'élève à plus de 160 millions.

Cette prospérité de l'Assurance ouvrière allemande — sa fortune atteint aujourd'hui près de deux milliards — est due à deux causes essentielles : son *autonomie* et la *faible proportion de ses frais de gestion*. En effet, ces derniers n'atteignent pas 5 0/0 des versements pour l'Assurance-maladie et l'Assurance-invalidité, et moins de 14 0/0 pour l'Assurance-accidents.

L'ASSURANCE COMPLÉMENTAIRE
Contre la maladie et les accidents en Allemagne

A côté de l'Assurance Ouvrière obligatoire, la loi allemande autorise l'établissement d'institutions privées et encourage la création de mutualités. Elles sont destinées, les
unes et les autres, à compléter les soins à accorder aux malades et, au besoin, à y suppléer.

En ce qui concerne l'assurance obligatoire contre la maladie, la loi du 5 juin 1883 s'est bornée à fixer un minimum
obligatoire de secours, mais elle laisse aux Caisses-maladie
le droit de majorer sensiblement les secours légaux.

De nombreuses Caisses-maladie font largement usage de
ce droit, tant en ce qui concerne les secours pécuniaires et
la façon de les répartir, que pour leur durée.

CAISSES AUXILIAIRES COMPLÉMENTAIRES

De multiples caisses auxiliaires et complémentaires fondées, les unes par les sociétés ouvrières socialistes, les
autres par les sociétés philanthropiques et par les patrons,
fonctionnent parallèlement aux Caisses-maladie obligatoires. Une partie de ces caisses ont pour but d'augmenter
les secours garantis par l'assurance légale ; les autres, de
combler les lacunes de la législation ouvrière. Dans les exploitations industrielles, telles que la maison Krupp, par

exemple, elles sont alimentées, pour une faible part, par les ouvriers et, pour le reste, par la Direction de l'établissement. Certaines industries accordent même des secours aux membres malades des familles de leurs ouvriers.

Ainsi la *Société pour les victimes d'accidents à Berlin*, fondée en 1899, s'est donné pour mission de secourir les blessés et leurs familles, dans tous les cas où l'intervention de l'assurance obligatoire sera jugée insuffisante ; de leur procurer un travail compatible avec leur état ; de faire valoir leurs droits devant les tribunaux et même de leur accorder des secours pécuniaires.

L'*Association pour l'Assistance des ouvriers malades de Leipzig* distribue des secours urgents aux ouvriers malades ou à leur famille, dans tous les cas où la Caisse-maladie obligatoire n'est pas tenue d'intervenir immédiatement.

SOINS AUX ACCOUCHÉES

Afin d'enrayer la mortalité des enfants, la charité privée a également fondé des asiles où les femmes des ouvriers peuvent aller faire leurs couches. Des sociétés se sont également organisées dans le but de soigner les accouchées à domicile, notamment à Berlin, Gotha, Francfort-sur-le-Mein, Posen, etc. Elles fournissent aux femmes pauvres nouvellement accouchées, des ménagères qui se chargent de la conduite de la maisonnée pendant que la mère de famille est retenue au lit.

A Cologne une société industrielle facilite aux femmes de ses ouvriers, sur le point d'accoucher, l'entrée à la Maternité. S'il y a des enfants en bas-âge et que le ménage ne peut pas être confié à un membre de la famille, elle les place dans un établissement consacré à l'éducation de l'enfance. Il en est de même, lorsque la mère de famille tombe gravement malade ou bien qu'elle est obligée de garder le lit pendant un laps de temps prolongé. Les femmes dont l'état n'exige pas le transport à l'hôpital sont soignées à domicile par une sœur.

Beaucoup d'organisations analogues fonctionnent en Allemagne.

Une série d'industries disposent même de leur hôpital propre pour leur personnel et les familles de celui-ci. Tels sont, par exemples, les chantiers maritimes de Wilhemshaven et la maison Krupp d'Essen. Il en est même qui mettent à la disposition de leurs ouvriers et des familles de ceux-ci des sanatoria pour tuberculeux.

SOCIÉTÉ BERLINOISE DE L'HYGIÈNE DOMESTIQUE

Cette société rayonne sur toute la ville par ses comités de quartier. Elle accorde, après une enquête minutieuse mais rapide, des soins et des reconstituants aux malades et aux indigents. Un certain nombre de ces comités disposent de leur propre polyclinique et l'un d'eux prête gratuitement tous les instruments et accessoires nécessaires pour soigner les malades.

SOINS AUX CONVALESCENTS

Les communes, les Caisses-invalidité et les Caisses-maladie obligatoires d'une part, et la charité privée, de l'autre, rivalisent chez nos voisins d'Outre-Rhin pour mettre à la disposition des classes pauvres le plus grand nombre possible de maisons de convalescence où sont admis, non seulement les convalescents, mais aussi ceux dont la santé chancelante a besoin de se reconstituer.

Nous nous bornerons à parler ici des maisons de convalescence autres que celles de l'Assurance ouvrière obligatoire.

La première a été construite en 1861 à Munich. La municipalité de cette ville possède également depuis peu un magnifique sanatorium sur le plateau de Harlaching qui s'étend sur la rive droite de l'Isar.

Le sanatorium privé de la « Mainkur » de Francfort, situé à Féch enheim, date de 1865 ; celui de « Neuenhain », dans le Taunus, a été fondé quelques années plus tard, ainsi que ceux de Niederndorf (pour femmes) et de Kraftdorf (pour hommes) dans la principauté de Reuss, celui de Darmstad et ceux de Schutterthal et de Rohrbach dans le grand duché de Bade.

A Cologne *la Société de protection des convalescents* n'a pas d'établissement à elle ; mais elle a passé des contrats avec six maisons de convalescence établies dans le voisinage de la ville et dans des sites très pittoresques et très sains.

Pour conclure, mentionnons encore le sanatorium de Godesberg de la *Société pour le bien général de Barmen* ; le sanatorium pour jeunes filles pauvres d'Eppenhain près Wiesbade ; celui de Kirchenheimbolanden de la fabrique badoise d'aniline ; la maison de convalescence pour enfants de la brasserie Schultheiss à Pankow ; le sanatorium pour hommes « Braunlage », dans le Hartz, de la société philanthropique de Schaenchuk ; le sanatorium « Impératrice Augusta-Victoria », ainsi qu'un certain nombre d'autres de moindre importance.

L'assurance complémentaire contre l'invalidité et la vieillesse en Allemagne

L'Assurance ouvrière obligatoire contre l'invalidité et la vieillesse en Allemagne ne vient en aide qu'aux misères les plus pressantes. Souvent son action est insuffisante, d'autant plus qu'elle renferme une lacune et n'assiste point la famille de l'ouvrier décédé. En attendant que cette lacune soit comblée, le champ reste ouvert à l'initiative privée. Parmi les œuvres de salut social dont l'activité parallèle complète aujourd'hui cette assurance, les logements ouvriers et l'assistance des veuves et des orphelins occupent la première place.

LOGEMENTS OUVRIERS

L'État, les patrons, les communes et les sociétés coopératives de construction rivalisent de zèle pour doter la classe ouvrière de logements salubres et confortables. Ces logements sont aujourd'hui au nombre de 180.000 dont plus de 145.000 sont dûs à l'initiative des patrons.

ASSISTANCE DES VEUVES ET DES ORPHELINS

Elle comprend des secours périodiques et réguliers et des secours une fois versés. Presque toutes les caisses qui s'occupent de l'assistance des veuves et des orphelins sont indépendantes des Caisses-invalidité et la majeure partie accordant des secours dont l'importance dépasse généralement de beaucoup ceux dont disposent ces dernières. Dans les caisses indépendantes, le droit à l'assistance commence après un certain nombre d'années de travail dans la même exploitation, et ce droit augmente à mesure que les années de travail se multiplient.

Une partie des caisses de pensions des veuves et des orphelins sont alimentées par les patrons. Mais dans un grand nombre de cas les ouvrières s'associent aux patrons pour sauvegarder leurs familles contre la possibilité d'une disparition prématurée du chef de famille.

Elles sont à versements obligatoires pour les ouvriers d'un même patron qui retient à chacun une petite somme fixe sur son salaire hebdomadaire. Dans beaucoup de cas elles sont antérieures à la loi sur l'assurance obligatoire. Il est même, çà et là, des industries qui se sont réunies à plusieurs pour fonder des caisses communes. Telle est la *Société Allemande des industriels du fer et de l'acier* qui dispose de 28 caisses minières de retraite, reconnaissant toutes à l'ouvrier qui change de patron, à la condition que ce patron fasse partie de la Société, les droits à la pension comme s'il avait toujours appartenu à la même caisse.

Dans certaines grandes industries on cherche depuis quelque temps à occuper les demi-invalides. Ainsi la brasserie de l'établissement de consommation de la maison Krupp assure son service quotidien par toute une série de demi-invalides qui ne peuvent plus se livrer à un travail fatigant.

ASILES POUR VEILLARDS

On peut également ranger dans la catégorie des institutions destinées à compléter l'Assurance ouvrière : les hospices municipaux de vieillards; les asiles de vieillards dus à l'initiative patronale et dont la maison Ferdinand des Verreries de Gerresheim a figuré à l'Exposition de 1900 ; la maison d'invalides de Newbabelsberg ; la maison des ouvriers de Hoechst et la colonie d'Altenhof de la maison Krupp. Cette colonie se compose de plus de cent maisonnettes indépendantes les unes des autres, et où les ouvriers invalides et leurs veuves trouvent un asile sûr pour le reste de leurs jours. Ces maisonnettes s'élèvent au milieu de coquets jardinets, à l'orée d'une grande forêt loin des cheminées et des forges bruyantes.

Ajoutons pour conclure que toute une série de municipalités, notamment celles de Berlin, Charlottenbourg, Carlsruhe, Francfort-sur-le-Mein, Darmstadt, Dusseldorf, Dresde, Stuttgard, Mayence, Essen, Spandau, Manheim, Ulm, Offenbach-sur-le-Mein, Worms, Canstatt, Breslau, Furth Giesen, etc., ont organisé, depuis quelques années, des caisses de pensions et de secours au bénéfice des ouvriers communaux et de leurs survivants.

Ainsi la Ville de Berlin accorde à ses ouvriers, après la dixième année de service et 31 ans d'âge, des pensions fixées à 15/60 du salaire. A partir de la dixième année, ces pensions sont majorées de 1/60 par an ; mais elle ne peuvent, en aucun cas, dépasser 54/60 du salaire annuel.

La pension des veuves est fixée à 4/10 du salaire annuel de l'ouvrier ; celle de l'orphelin de père et de mère à 1/3 et celle de l'orphelin de père, à 1/5 de la pension des veuves.

Les pensions des orphelins sont versées jusqu'à l'âge de 15 ans révolus.

ASSISTANCE DES OUVRIERS SANS TRAVAIL EN ALLEMAGNE

CAISSES PARTICULIÈRES CONTRE LE CHÔMAGE

Outre les Caisses-chômage de la Société centrale de Stuttgard, de la Ville de Cologne, et de quelques autres municipalités, une cinquantaine de sociétés ouvrières se sont donné pour mission, et cela depuis une dizaine d'années déjà, de protéger l'ouvrier que la manque involontaire de travail oblige au chômage. Ainsi en 1895, 44 de ces sociétés ont dépensé un total de 373.265 fr. en secours de route et 235.095 fr. en secours aux ouvriers sans travail.

Si l'assurance obligatoire contre le chômage est une utopie dangereuse, il n'en est pas de même, lorsque ce sont des industriels qui prennent à l'égard de leurs ouvriers des mesures de protection pour le cas où un chômage partiel s'impose. Dans ce cas le contrôle est facile et c'est un lien de plus qui lie l'ouvrier à son patron.

C'est de cette façon que procède la fabrique de cuir de M. Cornélius Heyl à Worms. Lorsque les affaires sont en stagnation, les ouvriers auxquels le chômage est imposé reçoivent un salaire intérimaire de 3 fr. 25 s'ils sont mariés, de 2 fr. 50, s'ils sont célibataires et les ouvrières, 1 fr. 875.

Dans la règle, ce sont les femmes qui doivent chômer les premières et les jeunes filles non autorisées à suivre les cours de l'école de couture de l'établissement, cessent le travail pendant toute la durée du chômage. Dans les cas où l'interruption est prolongée les ouvriers se remplacent tous les huit jours, et tous les deux jours, lorsqu'elle n'est que de courte durée.

La fabrique de machines agricoles de Manheim a créé en 1897 une caisse de chômage, avec un capital de 25.000 fr. fourni par le patron. Tous les ouvriers et ouvrières mariés qui sont occupés depuis au moins une année dans la maison ont droit à un secours de chômage de 6 fr. 25 à 9 fr. 375 par semaine. Ce secours est porté au double pour les ouvriers employés depuis plus de trois ans. En outre, lorsqu'il y a un enfant au-dessous de 14 ans, son père touche pour lui 3 fr. 125, 5 fr. s'ils sont deux et 1 fr. 875 pour chaque enfant en plus et par semaine,

LES AUBERGES « ZUR HEIMATH »

Ce sont des « homes » ou restaurants populaires où les compagnons sans travail, allant d'une localité à l'autre pour chercher de l'ouvrage, sont logés et nourris à des prix minimes. Ceux qui sont sans ressources peuvent, dans certaines conditions, y être hébergés aux frais de la commune.

La plupart des auberges « zur Heimath » se suffisent à elles-mêmes ; les autres sont soutenues par des dons particuliers, par des sociétés philanthropiques ou par des subventions municipales et cantonales.

Les auberges « zur Heimath » sont actuellement au nombre de 540. Elles sont toutes centralisées en une société dite *Société allemande des Auberges*. Aucun spiritueux ne peut être vendu dans ces établissements. Généralement l'Office du travail de la localité est directement rattaché à l'auberge « zur Heimath ».

STATIONS D'ENTRETIEN

Un grand nombre d'auberges « zur Heimath » disposent d'une station d'entretien. Les stations d'entretien procurent aux ouvriers de passage la nourriture et le logement, contre un travail équivalent. Le compagnon, désireux d'y être admis, doit se présenter le soir. Il reçoit le souper et le gîte pour la nuit et le petit déjeuner le lendemain. Dans la matinée il est occupé jusqu'à 11 heures à balayer les rues, à façonner du bois, etc. Après le repas de midi il continue sa route et se rend à la station prochaine. Ces stations sont établies aux frais des communes, avec le concours de la charité privée. Elles sont toutes reliées à un Office du travail.

Parmi les 1.050 stations d'entretien, 250 sont rattachées à des auberges « zur Heimath ». La station centrale d'entretien de Goerlitz, héberge outre les ouvriers de passage, les prisonniers libérés qu'elle garde jusqu'à trois mois. Une salle d'écritures y a été aménagée pour les déclassés en détresse.

COLONIES OUVRIÈRES

Les colonies ouvrières constituent une dépendance agricole de l'assistance des ouvriers sans travail. Elles ont été créées par le *Comité central des colonies ouvrières allemandes* pour occuper les ouvriers sans travail dans les campagnes et les cultivateurs qui sont tombés dans la misère.

La première colonie ouvrière a été fondée en 1882, à Wilhelmsdorf près Bielefeld. A l'heure actuelle on en compte 28. A l'exception des trois colonies de Berlin, Hambourg et Magdebourg où les colons sont occupés à des travaux de menuiserie, de brosserie, de jardinage, de façonnage de bois, etc., toutes les autres colonies sont essentiellement agricoles.

Pendant la première quinzaine l'ouvrier n'est pas rémunéré. A partir de la troisième semaine, un petit salaire est porté à son avoir.

Certaines de ces colonies réalisent des bénéfices assez élevés.

Ces établissements, soit évangéliques, soit catholiques, se sont donné pour principale mission d'empêcher les vaincus de la vie de tomber et aussi de relever leur courage. Ils sont tous reliés à des offices du travail. Une des principales colonies agricoles, en Allemagne, est celle de Wilhelmsdorf près Brême. Elle a été organisée en 1887. Elle s'est tracé pour but, non seulement d'employer le plus grand nombre possible d'ouvriers agricoles, mais elle favorise également l'établissement définitif de ses colons sur des terrains qu'elle met à leur disposition.

« FRAUENHEIME »

Outre les colonies ouvrières agricoles il existe, en Allemagne, des refuges pour femmes, connus sous le nom de « Frauenheime ». Ce sont des espèces de colonies ouvrières au nombre d'une douzaine aujourd'hui.

Ces établissements facilitent le retour à une vie plus régulière, aux femmes et aux jeunes filles sans foyer, sortant des prisons et des maisons de correction, et, en général, à toute femme moralement ou matériellement déchue. Ils se distinguent des asiles « des Madeleines » (Magdalenneheime) en ce sens qu'ils acceptent toute personne du sexe féminin qui vient leur demander travail et assistance.

La durée du séjour y varie beaucoup comme dans les colonies ouvrières. D'aucunes y restent juste le temps de se
remettre à flot; d'autres y passent souvent de longues années; et il n'est pas rare d'en voir qui y trouvent un asile
pour leurs vieux jours.

L'ASSURANCE OUVRIÈRE CONTRE LE CHOMAGE A L'ÉTRANGER

Avant de terminer mon étude sur l'assurance ouvrière à l'étranger, il n'ést peut-être pas sans intérêt de dire un mot de l'assurance contre le chômage.

Jusqu'à ces dernières années l'assurance contre le chômage n'était pas sortie du domaine spéculatif. Des particuliers et des sociétés philanthropiques avaient bien, par ci, par là, fait quelques timides essais, mais sans résultats bien tangibles.

Enfin, passant de la théorie à la pratique, un certain nombre de municipalités allemandes et suisses ont créé des Caisses-chômage soit *obligatoires*, soit *volontaires*.

LES CAISSES-CHÔMAGE EN ALLEMAGNE

En 1897, un comité de sept députés du parti du Peuple élabora un projet de loi d'Empire qui devait autoriser : 1° toutes les communes de 10.000 âmes et au-dessus à créer des caisses contre le chômage *involontaire*; 2° les communes plus petites à se grouper à plusieurs dans le même but.

L'assurance devait être obligatoire pour tous les ouvriers dont le salaire est inférieur à 2.500 fr.

Le projet divisait les chômeurs en deux catégories ; l'une comprenait tous les ouvriers de fabrique, les mineurs, les compagnons et les employés de commerce et l'autre, ceux

4

d'entre les ouvriers qui chôment chaque année à des intervalles réguliers.

Chacune de ces deux catégories se subdivisait en trois classes, selon le salaire hebdomadaire :

1re classe, salaire allant jusqu'à 18 fr. 75
2e   —   —   30 fr. »
3e   —   —   de 30 à 48 fr. 75

Le comité ci-dessus fixait la cotisation hebdomadaire :

Dans la 1re catégorie

à 12 cent. 1/2 pour la 1re classe
   18 cent. 3/4   2e   —
   25 cent. —   3e   —

Dans la 2e catégorie

à 25 centimes pour la 1re classe
   37 cent. 1/2   2e   —
   50 cent. —   3e   —

Voici comment ces caisses devaient s'alimenter ; les communes versaient une moyenne de 6 fr. 25 par ouvrier assuré et par an. Chaque État confédéré ajoutait 1 fr. 56 par ouvrier et les patrons augmentaient le salaire de leurs ouvriers d'une moyenne de 18 centimes 3/4 par semaine.

Ce projet n'a pas abouti. Il imposait, en effet, aux communes des charges par trop onéreuses. Ainsi une ville de 50.000 habitants, dont 15.000 seraient obligatoirement assurés contre le chômage aurait à verser annuellement une somme de 93.750 francs dans la Caisse-chômage.

L'ASSURANCE COMMUNALE CONTRE LE CHÔMAGE A COLOGNE

L'assurance communale contre le chômage à Cologne a été créée au printemps 1896. Elle divise les ouvriers en deux classes : les *habiles* et les *médiocres*. Les premiers versent une cotisation de 43 centimes 3/4 et les seconds une de 31 centimes 1/4, à partir du 1er avril, pendant 34 semaines consécutives.

Cette différence de cotisation est basée sur le principe que les ouvriers habiles gagnent plus que les médiocres et que ces derniers sont obligés d'accepter pendant le chômage n'importe quel travail qui peut se présenter.

Tout ouvrier, pour participer à la Caisse-chômage, doit habiter Cologne depuis 12 mois.

Cette période est abaissée à 6 mois pour les militaires rentrés dans leurs foyers. La Caisse-chômage est ouverte du 10 décembre au 10 mars.

Le service du secours quotidien commence le sixième jour ouvrier qui suit la déclaration de chômage. Il dûre huit semaines au plus.

Pendant les 20 premiers jours l'assuré reçoit 2 fr. 50 par jour, dimanches non compris. Ce secours se réduit de moitié si le chômage s'étend au-delà de 20 jours. Les chômeurs sont tenus de se présenter deux fois par jour au bureau de placement de la Caisse et l'administration s'efforce de leur procurer des travaux qui conviennent le mieux aux aptitudes de chacun. S'ils ne sont pas mariés, ils ne peuvent refuser d'aller travailler au dehors de la ville; mais, dans ce cas, leurs frais de déplacement leur sont remboursés.

Pendant l'hiver 1900-1901 la Caisse-chômage de la ville de Cologne a assuré 571 ouvriers, contre 254, l'année précédente. Sur ce chiffre 105 étaient des journaliers et 406, des artisans; 474 étaient mariés et 97, célibataires.

Du 10 décembre 1900 au 10 mars 1901, 95 ouvriers assurés dont 16 journaliers et 79 artisans n'ont pas interrompu leur travail; 441 dont 81 journaliers ont chômé plus ou moins longtemps; 16 ont trouvé, par l'intermédiaire du bureau de placement, une occupation permanente et les 425 autres ont reçu soit un travail provisoire, soit des indemnités, s'élevant à 20.187 fr. 50 pour les artisans et à 3.580 fr. pour les journaliers.

Une subvention municipale annuelle comble les déficits de la Caisse.

L'ASSURANCE CONTRE LE CHÔMAGE A STUTTGARD

La *Société centrale de l'Assurance contre le chômage involontaire* à Suttgard a été constituée le 1er janvier 1897. Elle est basée sur le principe de la mutualité. Pour y être admis en qualité de membre il est indispensable que l'ouvrier soit salarié, travaille depuis un an sans interruption dans la ville et appartienne depuis six mois pour le moins, au même chantier ou au même atelier.

La cotisation est mensuelle et s'elève à 2 0/0 du salaire mensuel. Elle est majorée de 1 0/0 pour les ouvriers des deux sexes, âgés de plus de 50 ans au moment où ils se font inscrire.

Tout assuré qui a perdu son occupation *involontairement* reçoit un secours de chômage, s'élevant à 80 0/0 de son dernier salaire pendant le premier mois, à 50 0/0 pendant le second et à 40 0/0 pendant le troisième.

Le droit au secours cesse aussitôt que le bureau de placement de la société a procuré au chômeur une occupation répondant à ses aptitudes et rétribuée à peu près comme sa précédente.

S'il y a doute sur la cause du chômage, la question est soumise à un *conseil arbitral* dont la sentence, pour ou contre la recevabilité de la demande de secours, est sans appel; l'indemnité peut même être accordée, en cas de grève, si un tribunal d'arbitrage déclare que les réclamations des ouvriers sont justifiées.

LES CAISSES-CHÔMAGE EN SUISSE

La Caisse municipale de Berne fonctionne depuis le mois d'avril 1893. Elle est volontaire et admet les ouvriers de toutes les professions. Chaque assuré verse une prime mensuelle de 40 à 50 centimes.

Outre les cotisations, la Caisse est alimentée par des contributions volontaires et patronales et par une subvention municipale dont le minimum est fixé à 7,000 fr.

Le bureau de placement municipal est mis à la disposition des chômeurs.

Quiconque est assuré depuis six mois et paie régulièrement ses cotisations, s'il est sans travail depuis quinze jours au moins, a droit au secours de chômage pendant les mois de décembre, janvier et février. L'indemnité quotidienne s'élève à 1 fr. pour les célibataires et à 1 fr. 50 pour les hommes mariés et les soutiens de famille.

Nul chômeur ne peut refuser une occupation, sous prétexte qu'elle ne rentre pas dans son métier et il perd tout droit au secours s'il le fait, ou bien si le chômage est causé par sa propre faute, grèves comprises.

La Caisse contre le chômage de Berne est administrée par un comité de surveillance composé de sept membres dont trois sont nommés par la municipalité, deux par les patrons qui ont versé des dons volontaires et deux par les ouvriers.

Pendant les trois mois de chômage, les chômeurs sont tenus de répondre deux fois par jour à l'appel. Une salle chauffée, ouverte de 8 heures du matin à 5 heures du soir, est mise à leur disposition.

Bien que près d'un quart des ouvriers assurés ne paient pas leurs cotisations, la Caisse-chômage fonctionne toujours.

L'ASSURANCE-CHÔMAGE OBLIGATOIRE DE LA VILLE DE SAINT-GALL

Le 19 mai 1894, le Grand conseil du canton de Saint-Gall a voté une loi, autorisant la création par les communes, avec approbation des électeurs communaux, de Caisses-chômage obligatoires *permanentes* ou *temporaires*.

Plusieurs communes peuvent s'associer entre elles dans ce but. Les autorités communales ont la surveillance de la Caisse et les assurés sont représentés dans le conseil d'administration.

L'obligation de l'assurance s'étend à tous les ouvriers dont le salaire quotidien ne dépasse pas 5 fr. Ceux qui gagnent plus de 5 fr. peuvent s'affilier volontairement.

Les membres de toutes les sociétés d'assurances libres qui garantissent, en cas de chômage, les mêmes secours que la Caisse communale sont dispensés de cette dernière.

Les femmes sont admises.

Les cotisations des membres ne doivent en aucun cas dépasser 30 centimes par semaine.

Tout membre, payant régulièrement sa cotisation depuis six mois, a droit à une indemnité de chômage de 1 fr. au minimum par jour, s'il se trouve sans travail depuis plus de cinq jours, à la condition que ce chômage ne soit pas volontaire.

L'assuré perd ses droits, s'il refuse un travail lui convenant et ne dépassant pas ses forces. Un même assuré ne peut pas bénéficier pendant plus de 60 jours de l'indemnité de chômage.

Les frais d'administration sont couverts par la munici-

, palité et les recettes sont fournies, outre les cotisations, par une subvention municipale et par un subside du gouvernement cantonal.

La municipalité de la ville de Saint-Gall a été la première à appliquer cette loi contre le chômage à tous les ouvriers suisses et étrangers, domiciliés dans la commune de Saint-Gall, dont le salaire ne dépassait pas 4 fr. (référendum communal du 23 juin 1895), en excluant toutefois les apprentis et les jeunes ouvriers gagnant moins de 2 fr. par jour.

Elle fixa les cotisations hebdomadaires : à 15 centimes pour les ouvriers dont le salaire ne dépasse pas 3 fr. par jour ; à 20 cent. pour ceux dont le salaire ne dépasse pas 4 fr. et à 30 cent. pour ceux qui gagnent de 4 à 5 fr. Quant aux indemnités quotidiennes, elle les établit comme suit :

1 fr. 80 si l'ouvrier gagne de		2 à 3 fr.
2 fr. 10	—	3 à 4 fr.
2 fr. 40	—	4 à 5 fr.

Cette Caisse, grâce à une vigilance intelligente commença à fort bien fonctionner. Dès le 31 décembre 1895, elle comptait 3.430 membres et, du 2 janvier au 31 mars 1896, elle versa à 387 chômeurs une série d'indemnités dont le total s'est élevé à 19.614 fr. 50. Malheureusement, par suite de la négligence que les ouvriers apportaient au versement régulier de leurs cotisations, elle dut suspendre ses opérations, au bout de deux années, et n'a pas réussi à les reprendre depuis.

Plusieurs tentatives, dans d'autres villes suisses ont piteusement échoué : notamment à Bâle, en 1894 et en 1900.

CONCLUSION

L'examen des conditions dans lesquelles se meut l'Assurance contre le chômage, montre la gravité des difficultés que fait surgir ce problème social, toutes les fois que l'on a voulu passer de la théorie à la pratique.

Le chômage est, en effet, un des risques les moins faciles à assurer, parce qu'il dépend, plus que tout autre, de la volonté de l'individu. Contrairement, à ce qui paraît être une vérité évidente pour qui ne va pas au fond des choses, l'Assurance-chômage obligatoire n'est nullement le corollaire de la quadruple assurance contre la maladie, les accidents, la vieillesse et l'invalidité. Car si cette dernière stimule l'activité de l'ouvrier, en lui donnant plus de sécurité personnelle et un peu moins de soucis pour l'avenir des siens, l'Assurance-chômage *obligatoire pour tous les ouvriers* est un véritable dissolvant pour l'esprit d'initiative et une prime accordée à la médiocrité et à la paresse.

TABLE DES MATIÈRES

ANGERS. — IMPRIMERIE A. BURDIN ET Cie, RUE GARNIER, 4.